조직의 혁신을 불러오는 힘,
질문

일러두기

1. 본 책에서 단어의 띄어쓰기는 『표준국어대사전』을 원칙으로 하되 가독성을 위해 일부 예외를 두었다.
2. 인명과 지명은 「외래어 표기법」을 따랐으나, 일부 표기와 표현 방식에 따라 다른 점이 있다. 특히 책의 내용상 현실에서 자주 사용하는 관용적으로 쓰이는 용어나 표현들은 살려서 표기했다.

조직의 혁신을 불러오는 힘, **질문**

권영범, 신일용

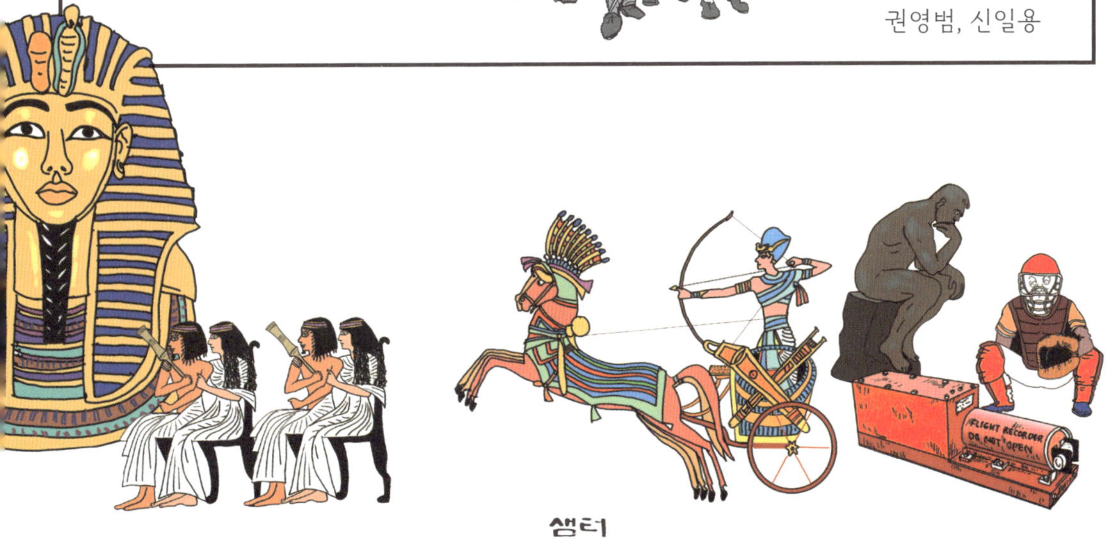

샘터

들어가며

질문하는 조직만이 살아남는다

제조의 시대, 일본 기업들은 승자였다. 하지만 그들은 아날로그 패러다임에서 디지털 패러다임으로 전환하는 데 적극적이지 않았던 것으로 보인다. 인터넷이 등장한 시기와 일본의 버블 붕괴가 시작된 시기가 대략 1990년대 초로 맞아떨어진 것은 묘한 우연일 뿐일까? 우리 기업들은 일본을 배우며 성장했음에도 디지털 패러다임으로 변화하는 시대에 그들보다는 다행히 잘 적응했다. 하지만 이제 우리 사회도 어떤 거대한 벽에 부딪힌 느낌이다.

경제 성장은 정체했고 인구는 줄었으며 혁신의 간절함은 무뎌졌다. 이를 헤쳐나갈 수많은 고담준론이 넘쳐나지만, 변화의 타이밍을 자꾸만 놓치고 있지 않은가 하는 불안감이 든다. 이럴 때일수록 아주 구체적이고도 현실적인 혁신부터 하나하나 실천해야 할 것이다. 그중 하나가 우리 사회 전반에 질문하는 문화를 정착시키는 것이다. 사소한 듯 보이는 '질문하는 문화'가 왜 그리 중요할까?

위에서 아래로 흐르는 일방적인 의사소통 방식에서는 앞으로의 사회를 책임질 새로운 세대가 열정을 가지고 자발적, 창의적으로 일하기 힘들다. 기성세대는 납득하지 못해도 지시대로 일하고 목표를 달성하는 문화에 익숙한, 양적 성장의 시대에 살아남은 세대다. 그러나 새로운 세대에게 전통적 위계질서만을 강요한다면 진심으로 일하지 않을 것이다. 이들은 납득해야만 제대로 일하는 세대이기 때문이다. 앞으로는 모든 조직원에게 모든 질문이 허용되고 활발한 토의가 가능한 조직만이 살아남으리라 생각한다.

1년 전, 이런저런 인연으로 교유하며 지내는 신일용 작가와 저녁 식사를 함께하며 이런 화제로 이야기를 나누게 되었는데 반갑게도 그 역시 비슷한 생각을 하고 있었다. 신 작가도 30여 년 직장 생활을 통해 진정한 질문과 토론이 부족한 우리 기업 문화에 아쉬움을 느끼고 있었던 것이다. 그래서 이 주제를 만화라는 형식을 빌려 누구나 쉽게 공감할 수 있도록 정리해보기로 했다. 이 책은 그러한 의기투합의 결과물이다.

그럴듯한 대답은 이미 AI가 더 잘할 수 있는 시대가 열렸다. 앞으로 인간의 일은 좋은 질문을 하는 것이다. 과거의 성공 경험이 미래의 성공을 보장하지는 않는다. 언제나 그러했지만 또 한 번 패러다임이 바뀌고 있는 이 시점에서는 더욱 그러하다. 우리 기업인들이 일사불란한 상명하복이라는 익숙한 과거의 시스템을 의심하고 자유로운 질문과 토론의 새로운 문화를 적극적으로 정착시키려는 혁신에 이 책이 작은 자극이 되었으면 한다.

언뜻 보면 사회가 별로 변하지 않는 듯 느껴지지만 곰곰이 돌아보면 우리의 근대사는 수차례 놀라운 변화를 통한 발전의 연속이었다. 오늘날의 사회나 기업의 모습은 불과 30~40년 전만 해도 상상하기 어려웠던 게 사실이다. 우리 사회가 가진 그 역동적 변화의 저력에 희망을 건다. 전통적 위계질서보다 자유로운 질문과 토론을 중시하는 또 하나의 작은 변화가 큰 혁신을 불러올지도 모른다.

2024년 12월
권영범

차례

들어가며	4
1장_ 세 가지 사례	10
2장_ 수직적 조직의 시대	74
3장_ 이제는 왜 바뀌어야 할까?	100
4장_ 어떻게, 무엇부터 바뀌어야 할까?	122
5장_ 질문이 중요한 이유	146
6장_ 나쁜 질문, 좋은 질문	168
7장_ 질문 후진국에서 질문하는 조직 만들기	194
정리	228

세 가지 사례

1장

1장_ 세 가지 사례

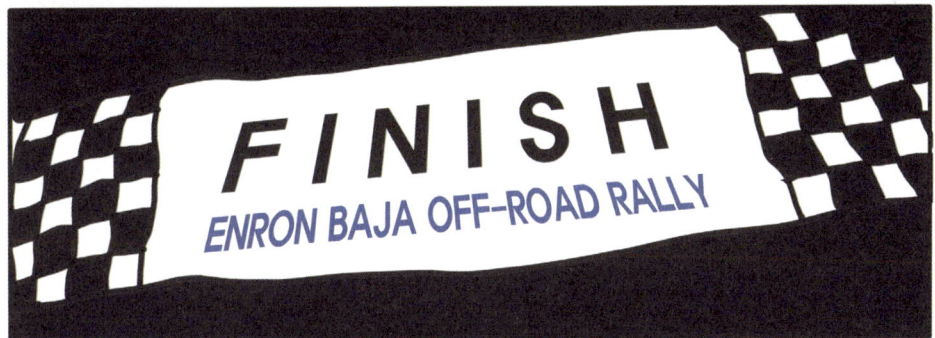

엔론은 1990년대를 호령하던 거대 에너지 기업이었다.

미대륙을 누비는 가스관을 지었고,

세계 곳곳에 발전소를 건설했다.

매출은 1,000억 달러에 달했으며

CEO 제프 스킬링은 미국 재계의 스타였다.

Jeffrey Skilling

포춘지는 엔론을 6년 연속 미국 최고의 혁신 기업으로 선정했다.

엔론의 전성기, 스킬링과 그의 측근들은 오프로드 바이크 경주를 즐겼다.
"우린 세상에서 제일 잘나가는 마초들이야" 이런 기분이었을 것이다.

스킬링의 충직한 보좌관이었던 CFO 앤디 패스토우,

Andrew Fastow

스킬링의 친구이자 엔론의 신규사업을 총괄했던 켄 라이스,

Ken Rice

스킬링을 중심으로 모인 소수의 실권자들, 엔론 전성기를 이끌던 이너서클이었다.

그러나, 2001년 말

1997년 8월 6일 새벽 1시,

대한항공 801편은 비구름 속에서
괌 상공에 진입하고 있었다.

그날 801편에는 237명의 승객과

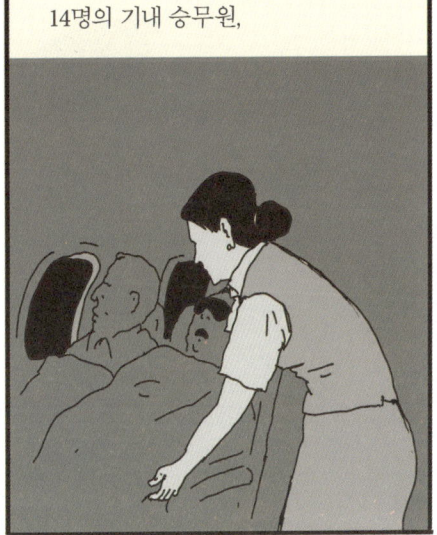
14명의 기내 승무원,

조종석에 기장, 부기장, 기관사까지 도합 254명이 탑승하고 있었다.

결과는 참혹했다.
이 사고로 KE801편의 탑승객 254명 중
229명이 사망했다.
도대체 유능한 조종사가 왜 이런
어처구니없는 사고를 일으켰을까?

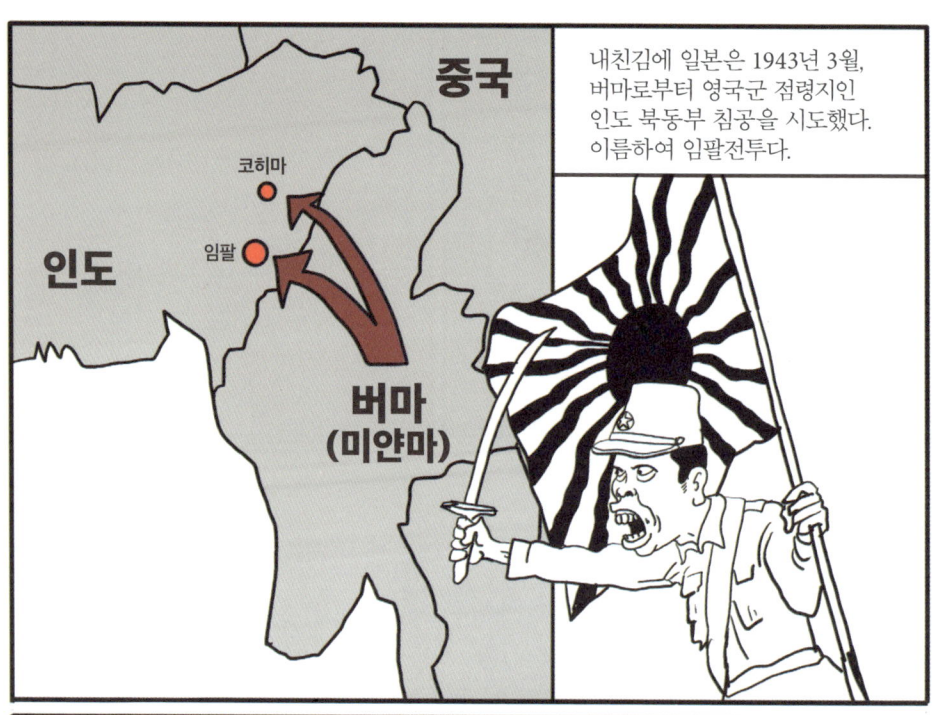

무타구치 렌야의 15군단에서는
도대체 무슨 일이 벌어졌던 걸까?

잘나가던 세계적 대기업 엔론의 파멸,
대한항공 801편의 괌 추락 사건,
버마 전선에서 괴멸된 무타구치 렌야의 부대,

세 사례의 공통점은 무엇인가?

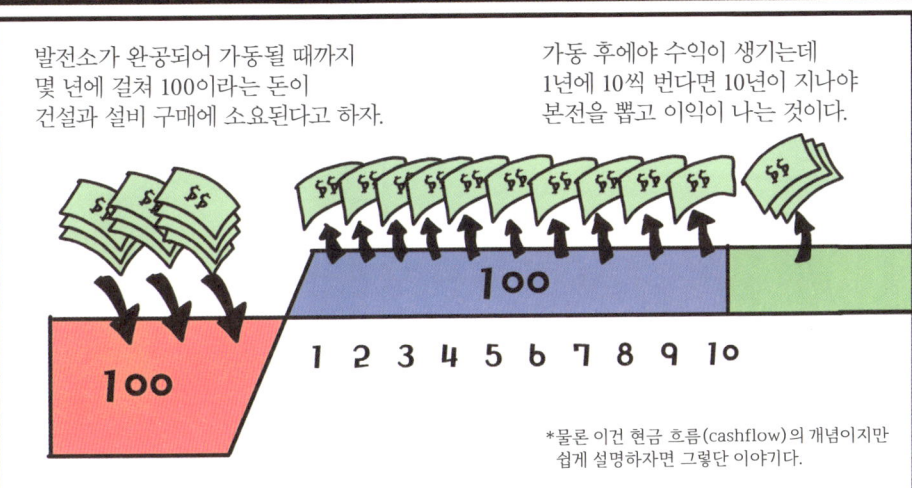

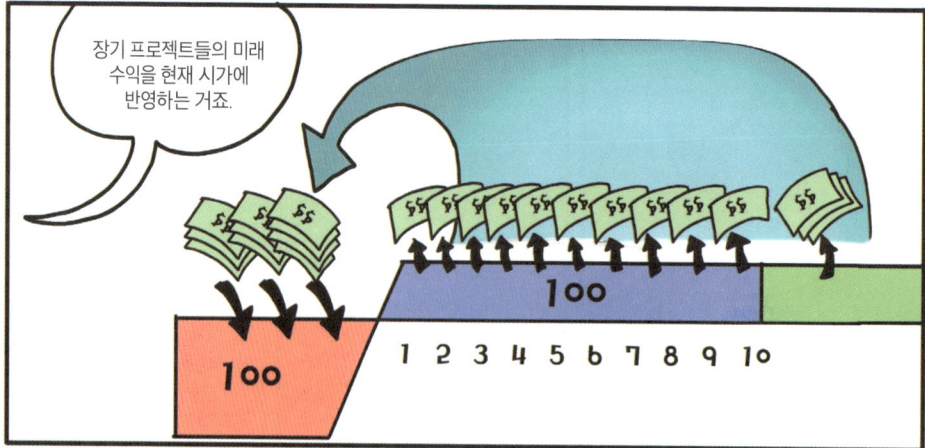

계획대로 이익이 나는 사업은 시가 평가를 통해 엔론을 빛나게 했지만,
손실이 나는 사업은 본사 장부에서 사라졌다.
몇 년이 지나자 엔론과 관련사의 투자 구조는 이런 식으로 변해갔다.

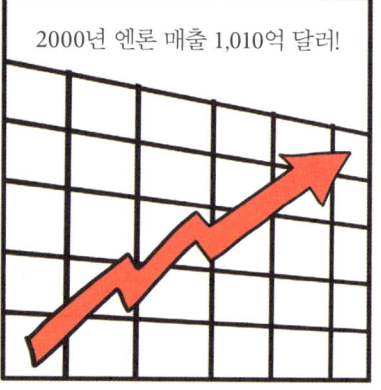

회계 분식이 영원히 지속될 수는 없다.
언젠가는 깔고 앉은 쓰레기 더미를 처리해야 한다.

재무제표에서 부실을 감추는 경영자는 누구나 이렇게 생각한다.

이익이 나면 숨겨둔 손실을 털어내야지.

이번 일만 잘되면 부실을 털 수 있는데…

속보

엔론, 사상 최대의 회계 사기!
조작된 정보의 공시, 회계 사기, 내부자 거래…

워낙 파장이 큰 사건이다 보니 청문회가 벌어졌고

주요 인물들은 기소되었다.

2001년 12월, 결국 엔론은 파산을 선언한다.

연 매출 1,000억 달러 규모의 기업이 이리도 허망하게 무너진 배경에는 엔론의 독특한 기업 문화가 있었다.

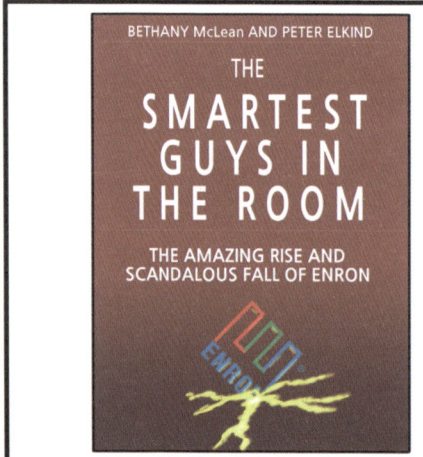

엔론 파산을 다룬 베스트셀러 제목은 다음과 같았다.

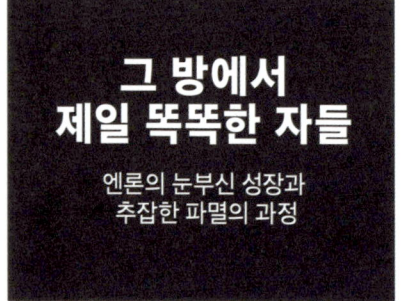

엔론에서
모든 중요한 의사결정은
'가장 똑똑한 이들의 방'
안에서만 이루어졌다.

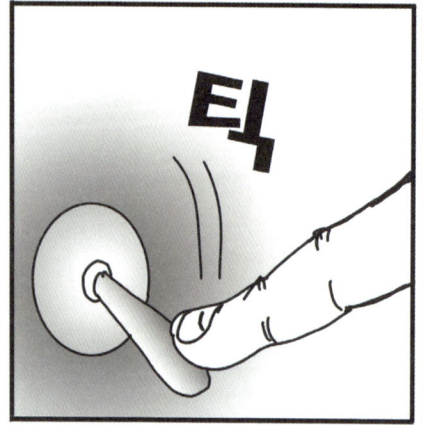
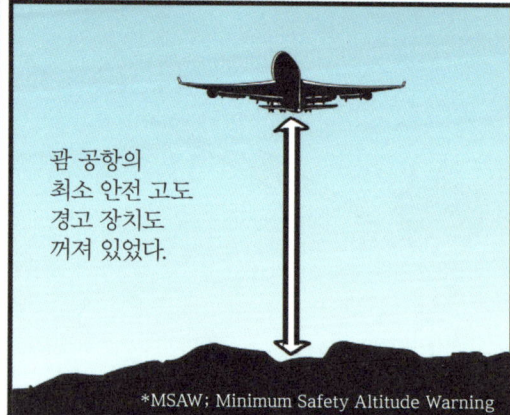

이럴 때 쓰라고 만든 조종사를 보조하는 계기 착륙 장치들이 있다.

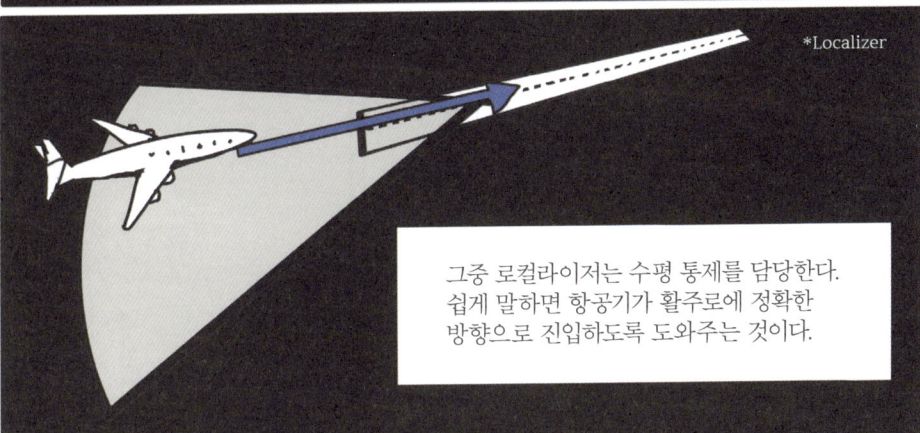

*Localizer

그중 로컬라이저는 수평 통제를 담당한다. 쉽게 말하면 항공기가 활주로에 정확한 방향으로 진입하도록 도와주는 것이다.

반면 글라이드 슬롭은 항공기가 최적의 각도로 활주로에 하강하도록 돕는 수직 통제 장치다.

*Glide Slope

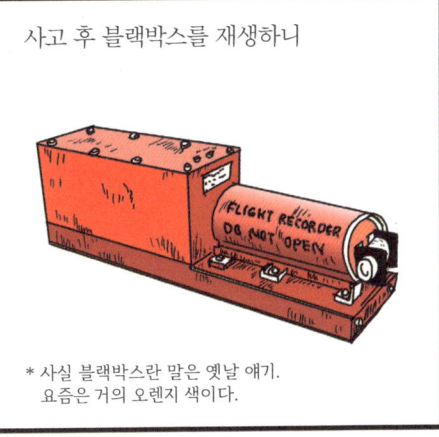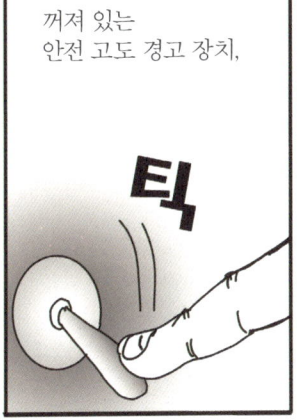

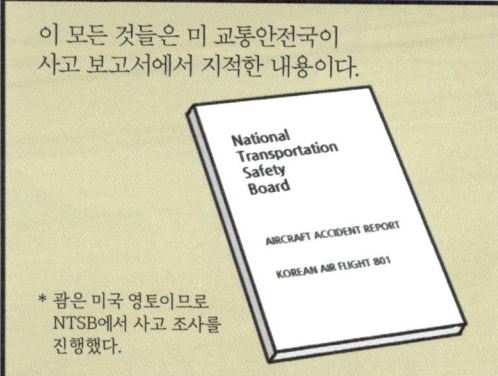

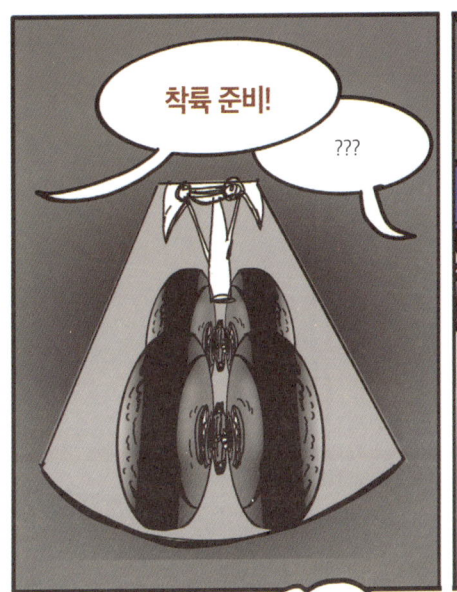

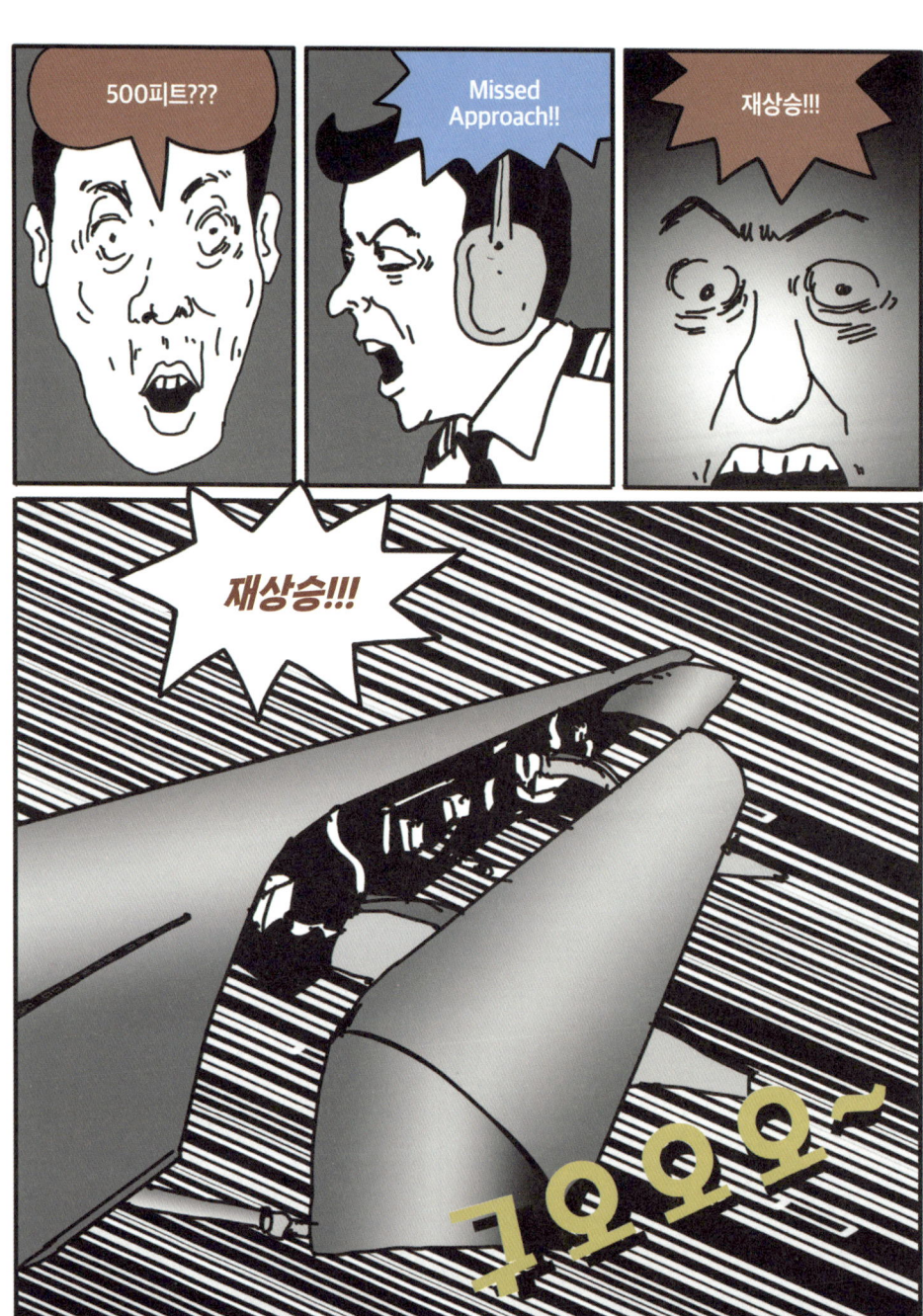

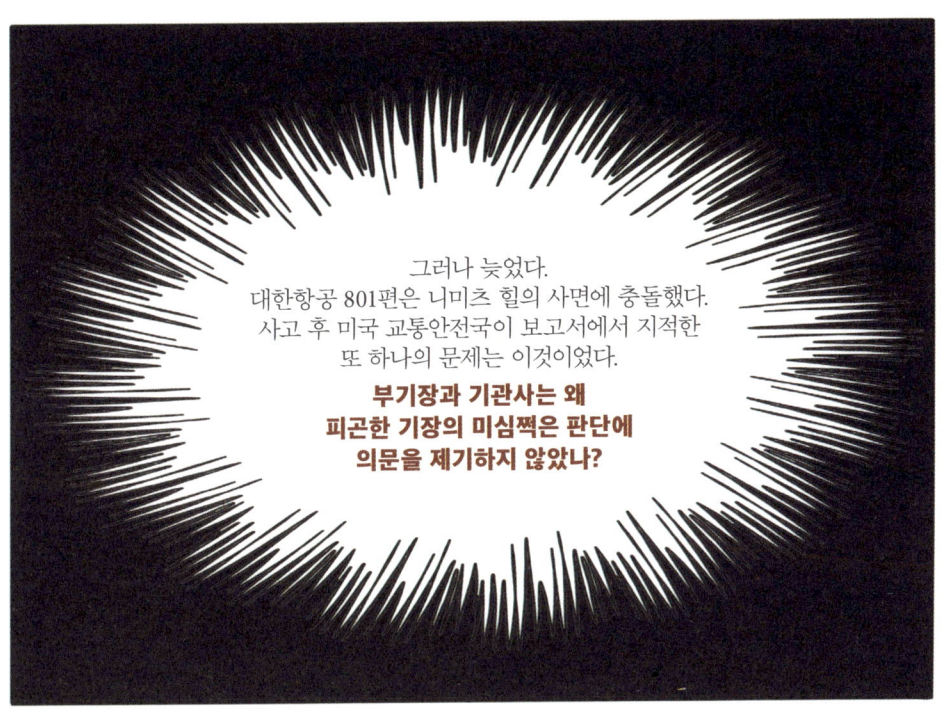

그러나 늦었다.
대한항공 801편은 니미츠 힐의 사면에 충돌했다.
사고 후 미국 교통안전국이 보고서에서 지적한
또 하나의 문제는 이것이었다.

**부기장과 기관사는 왜
피곤한 기장의 미심쩍은 판단에
의문을 제기하지 않았나?**

말콤 글래드웰은 베스트셀러
『아웃라이어』에서 기업문화와 기업의
성공과 실패의 관계를 설명하면서
이 사건을 인용했다.

이 사건의 가장 큰 요인 중 하나는 질문하지 못하는 경직된 문화였고

이후 대한항공은 군대식 문화를 바꾸려 노력했습니다.

Malcolm Gladwell

모든 직장에 통용되는 말이 있다.
똑똑한 상사와 멍청한 상사가 있는데

똑똑한 상사 중에서도 게으른 사람과 부지런한 사람이 있고,

멍청한 상사 중에서도 역시 부지런쟁이와 게으름뱅이가 있다는 거다.

똑똑하고 게으른 상사다.
쓸데없는 짓 안 시키고 방향을 잡아주니까.

그럼 최악의 상사는?
단연 멍청하고 부지런한 상사다.

멍청하지만 게으르면 적어도
큰 사고는 안 치는데

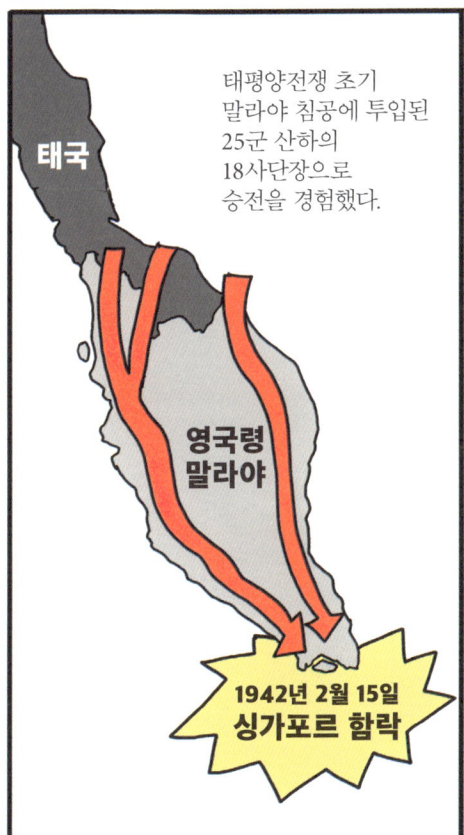
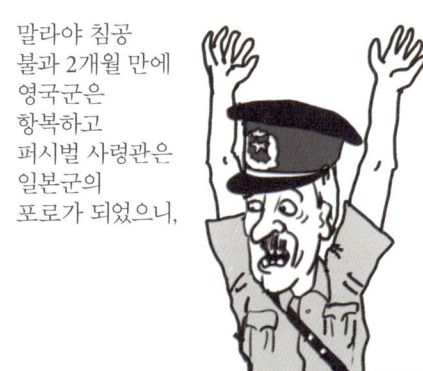

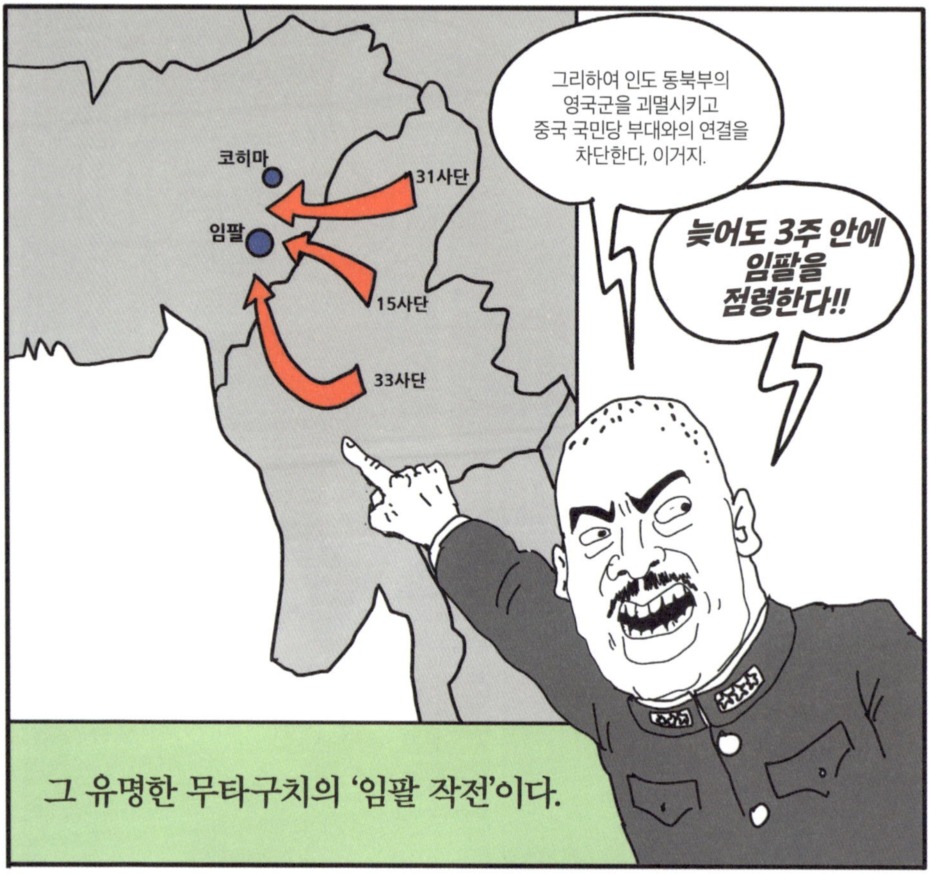

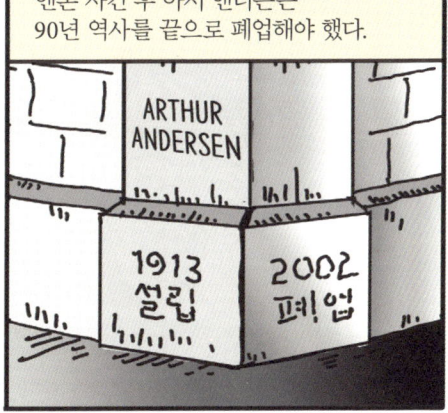

그렇다.
이 책은 남의 이야기가 아니라
우리 기업 문화와 질문에 관한 이야기다.

수직적 조직의 시대

2장

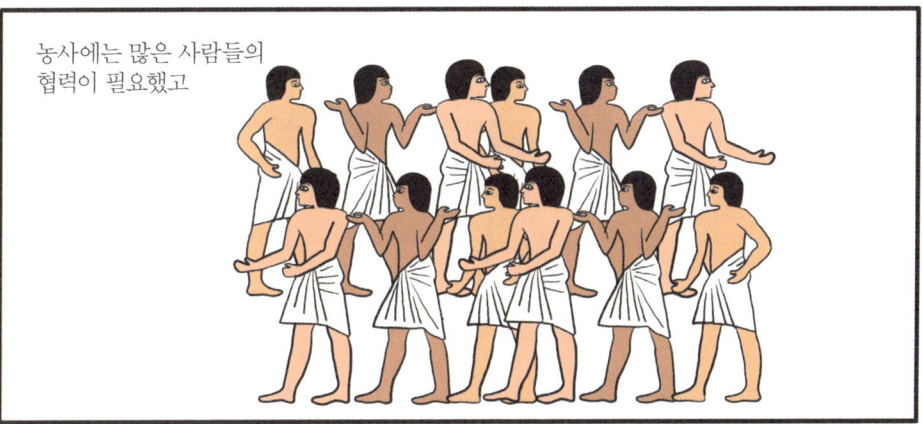

그래서 이런 피라미드 식의
수직적 계급 구조가 만들어졌다.

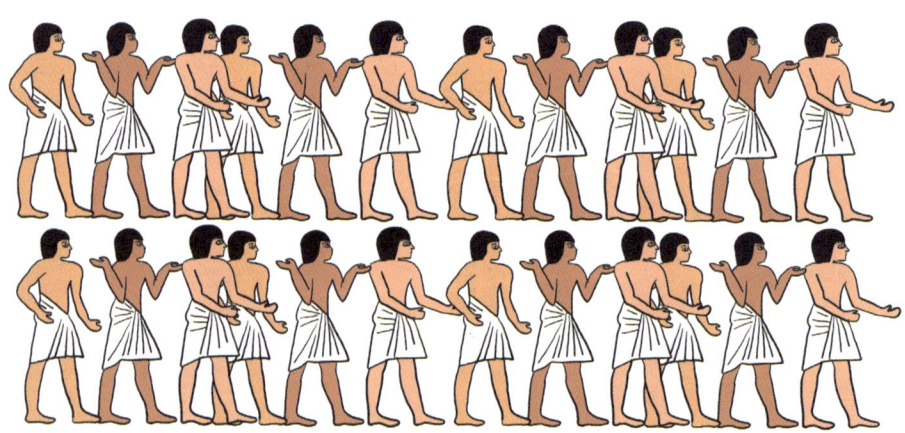

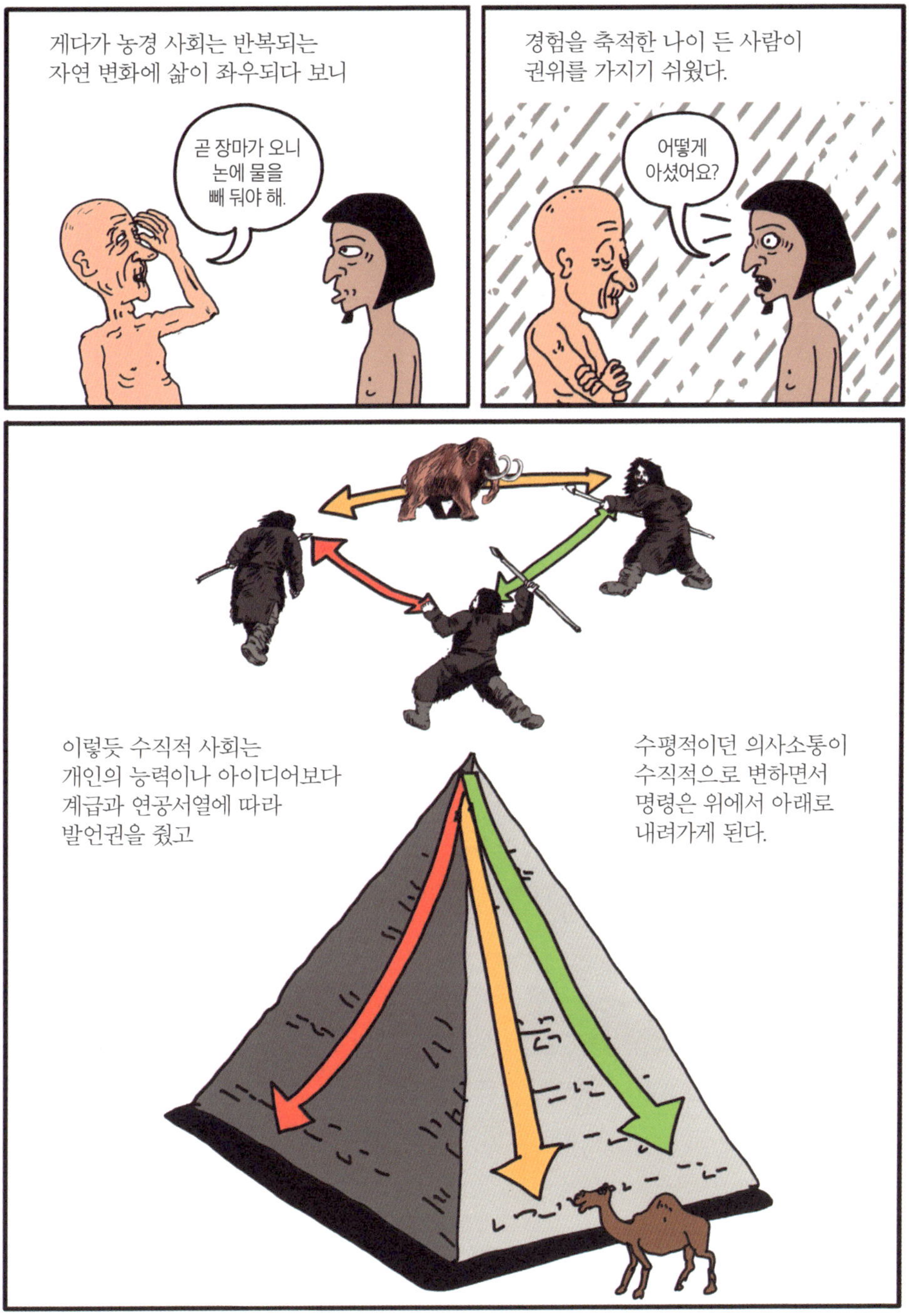

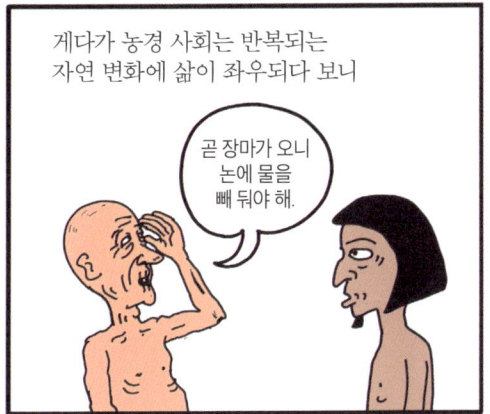

그 시절에는 이런 수직적 조직을 만드는 게 곧 힘이고 문명이었다.

더 빨리 수직적으로 계급화되어 중앙(왕)에 권력을 집중시킨 세력이 다른 세력을 정복해

제국과 문명을 건설했다.

그런데 중앙집권에는 고질적인 문제가 있었으니, 분권화된 수평 조직에서와 달리

최고 권력이 언제나 현장에서 멀리 떨어져 있다는 것이다.

그 사이를 누군가 메워야 하는데

복잡하고 비대해져 관료화되고 만다.

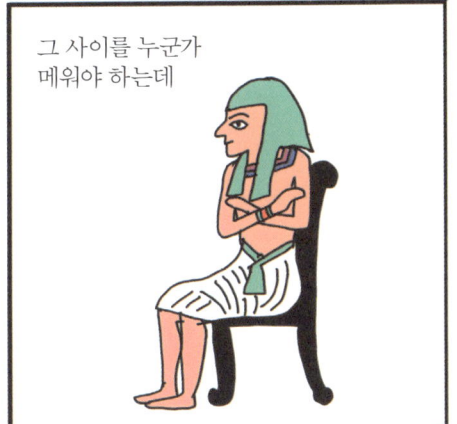

이들은 점점 더 새끼를 쳐서…

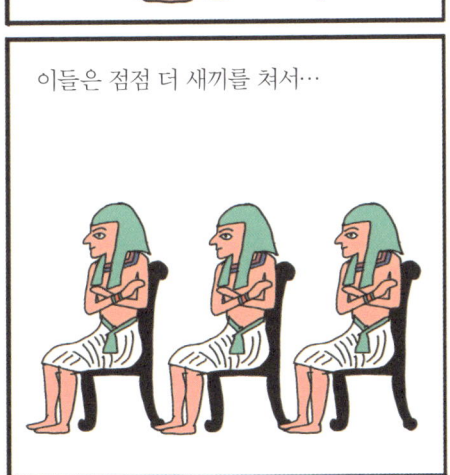

수직적 조직은 의사소통에 막대한 인력과 시간을 소모한다.

오늘날이라고 다를까?

대표적인 예가 회의 문화다.
안 되는 회사일수록 이런 증상을 보인다.

첫째. 회의를 자주 한다.

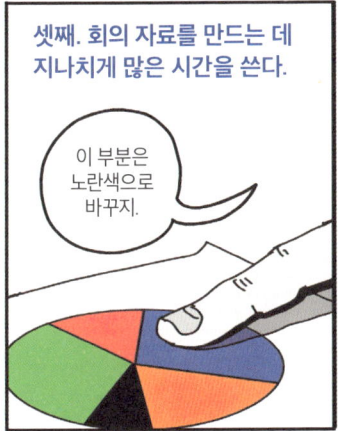

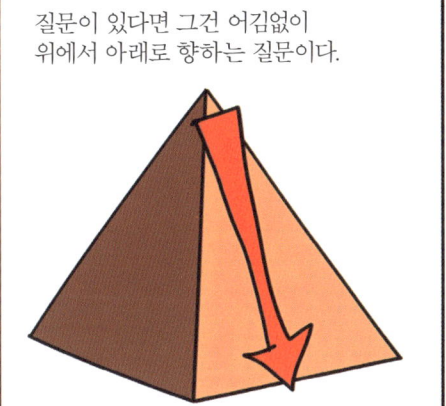

2장_ 수직적 조직의 시대

이들과 무엇이 다르단 말인가?

⋯⋯

⋯⋯

이런 식으로 과다한 자료를 만들어내고 자주, 그리고 오래 하는 회의 문화는 수직적 피라미드 조직의 특징이다.

모든 자료는 피라미드의 꼭대기를 위해 만들어지고,

모든 보고는 아래에서 위를 향하고 모든 질문은 위에서 아래로 흐른다.

꼭대기를 불편하게 할 수 있는 진짜 질문은 사전에 차단된다.

쉿~

질문 없는 회의, 토론 없는 회의는 윗사람의 마음을 일시적으로 안정시킬 뿐이다.

내 뜻, 충분히 알았지?

2장_수직적 조직의 시대

최근까지도 그랬다.

산업 혁명이 일어났고 헨리 포드 방식의 대량 생산 시스템이 산업계를 지배했다.

포드 T형 자동차

이런 체제에서 좋은 직원은 경영층이 시키는 대로 성실히 일하는 직원이었다.

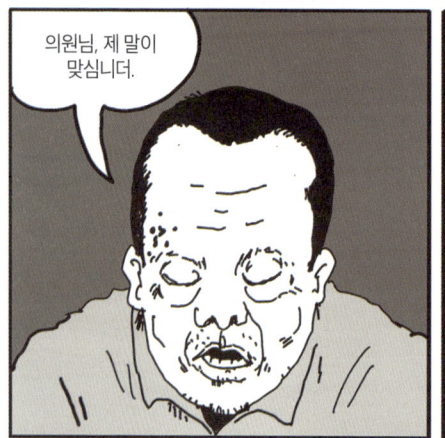

더 빨리, 더 열심히, 생산성을 높이는 것만이
경쟁력이었던 시대에는
수직적 피라미드 조직이 세상을 이끌었다.

이제는 왜
바뀌어야 할까?

3장

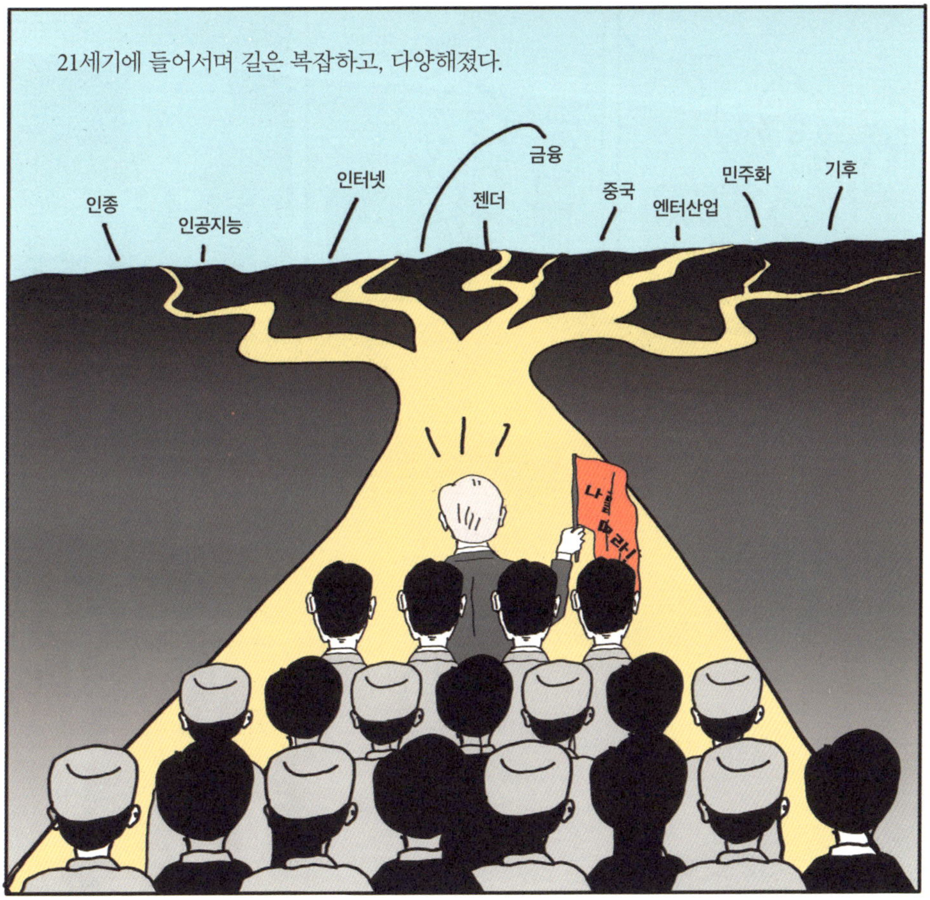

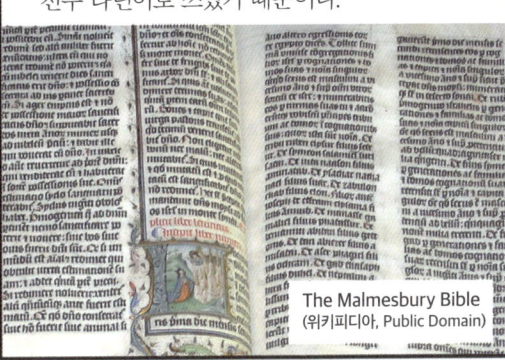

중세에는 소수의 지식층이 성경을 독점했다. 전부 라틴어로 쓰였기 때문이다.

The Malmesbury Bible
(위키피디아, Public Domain)

정보의 독점이 권력의 원천이던 시대는 끝났다.

정보의 독점은 세속적 권력을 키웠고

교황
레오 10세
Pope Leo X

베드로 성당을 지을 건축 자금이 부족해.

그 권력은 부패하기 시작했다.

면죄부 유통을 늘리시지요.

면죄부 판매왕이 등장했다. 독일 신부였던 교황 요한 테첼. 언변이 대단했다.

형제 여러분, 잘 들으시오.

Johann Tetzel

이 모금함에 금화를 넣어 땡그렁 소리가 나는 순간…

3장_ 이제는 왜 바뀌어야 할까? **105**

때마침 등장한 구텐베르크 인쇄기 덕분에
루터의 독일어 성경은 널리 보급되었다.

종교개혁은 정보의 독점에 의한 권위와
권력이 도전받은 사건이다.

이후로도 오랫동안 수직적 조직에서 중요한 정보는 꼭대기 차지였다. 모든 보고가 아래에서 위를 향했고

사회적 지위 덕분에 더 우월한 정보 네트워크를 가지고 있었기 때문이다.

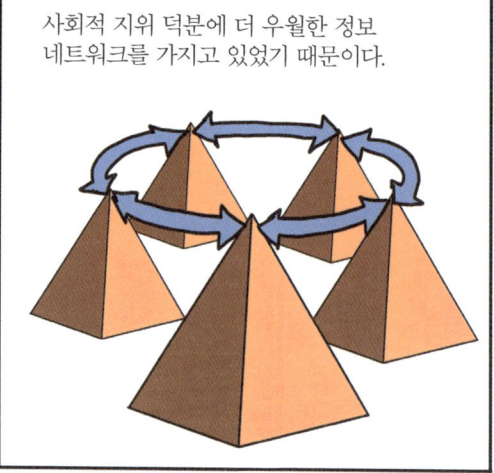

그러나 오늘날은 다르다.
피라미드 꼭대기의 정보 독점은 기술의 발전으로 점차 퇴색되고 있다.

현대의 인터넷과 인공지능이 500년 전 구텐베르크 인쇄기술의 역할을
훨씬 강력히 수행하고 있는 것이다.

날이 갈수록 조직에서 계급별
정보의 비대칭성은 사라질 것이다.

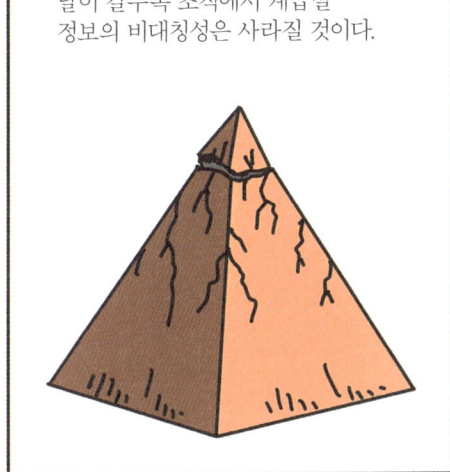

그러니 조직 문화를 개선하지 않고
과거의 일방적 지시와 소통 방식을
고집한다면 점점 살아남기
힘들어질 것이다.

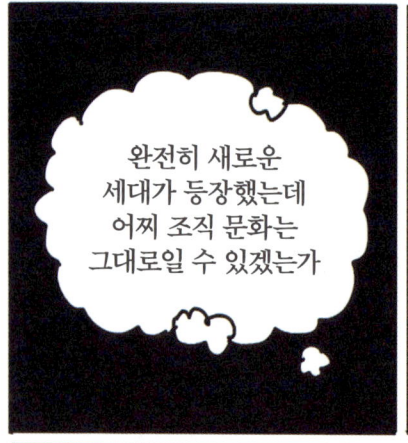

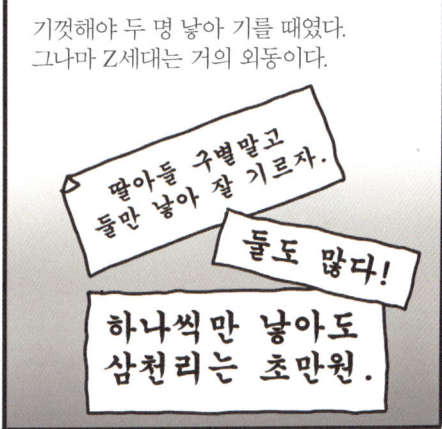

3장_ 이제는 왜 바뀌어야 할까? 115

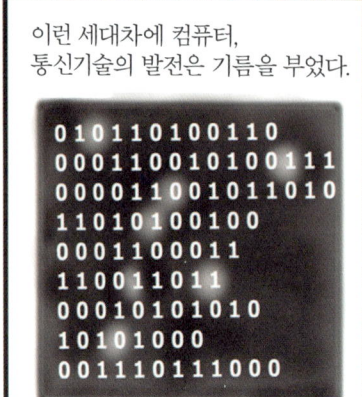
이런 세대차에 컴퓨터, 통신기술의 발전은 기름을 부었다.

기성세대는 겨우 이런 걸로 신기해서
딩동~ 이메일이 도착했습니당~
우와~

1990년대 할리우드에서 이런 로맨틱 코미디가 나올 정도였는데
*영화 <유브 갓 메일>
엄청 촌스러웠네!

MZ세대는 태어날 때부터 이미 인터넷이 깔려있었다.

컴퓨터와 인터넷은 DNA의 일부가 되었고
애가 좀 이상해요.
삐옹 삐옹

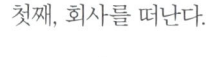

어떻게, 무엇부터 바꾸어야 할까?

4장

4장_ 어떻게, 무엇부터 바뀌어야 할까?

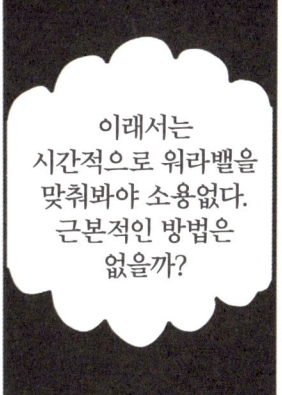

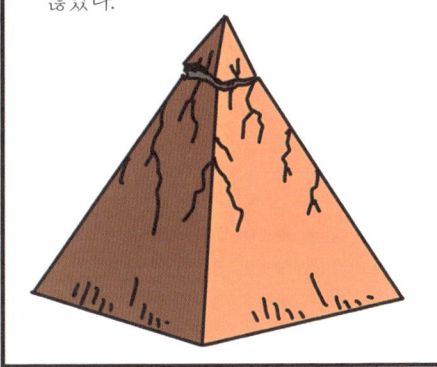

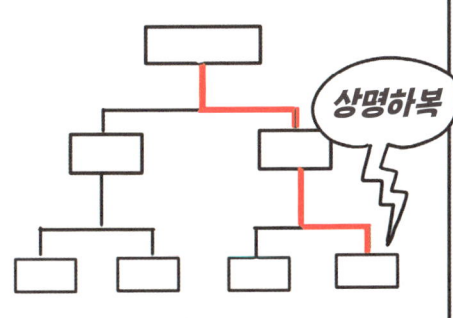
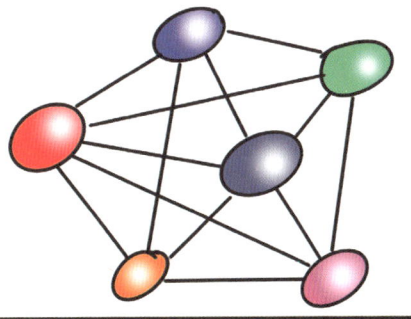

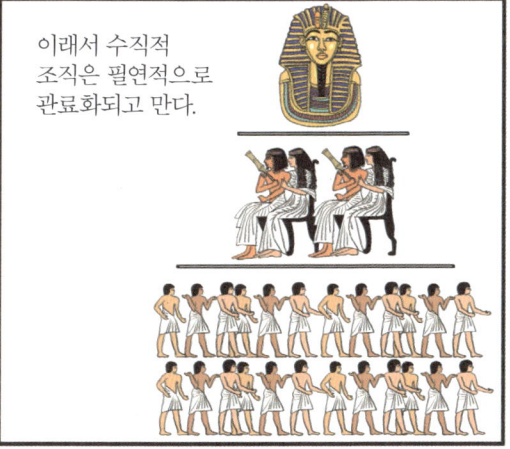

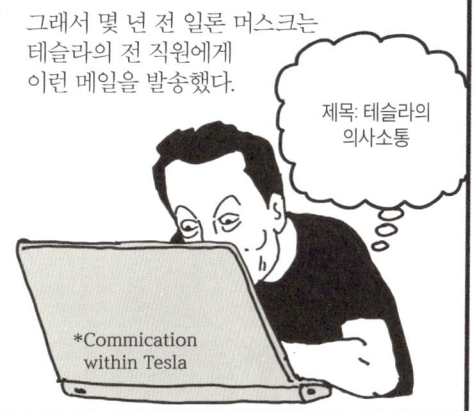

기업의 직급 체계도 결국은
회사 잘되자고 만든 것이니

문제 해결에 방해가 된다면 오히려
주객이 전도된 것이다.

그래서 이런 슬로건을 들고나왔다.
회사에 도움이 된다면 직급에 상관없이
누구든 누구에게나 이야기할 수 있어야 한다는 거다.

*누구든 누구에게든 말할 수 있을 것!

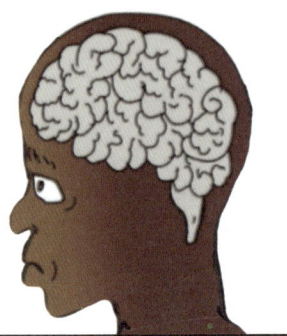

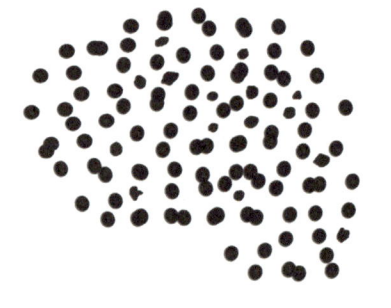
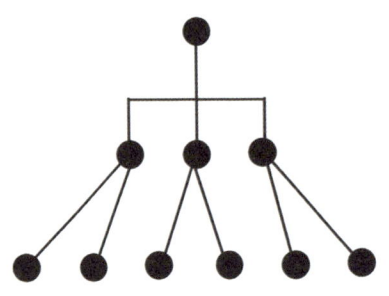
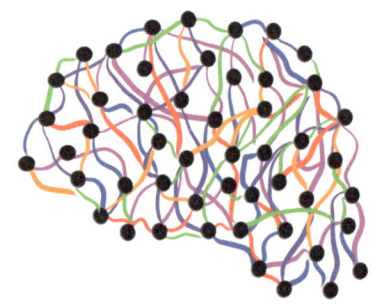

4장_ 어떻게, 무엇부터 바꾸어야 할까? 137

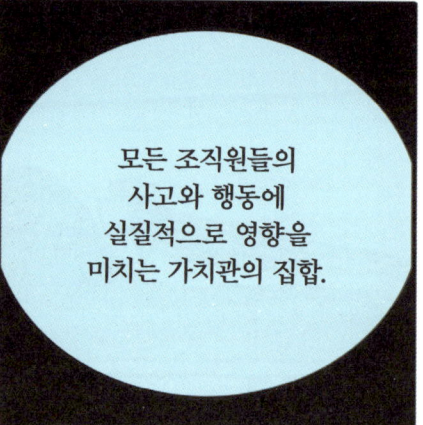

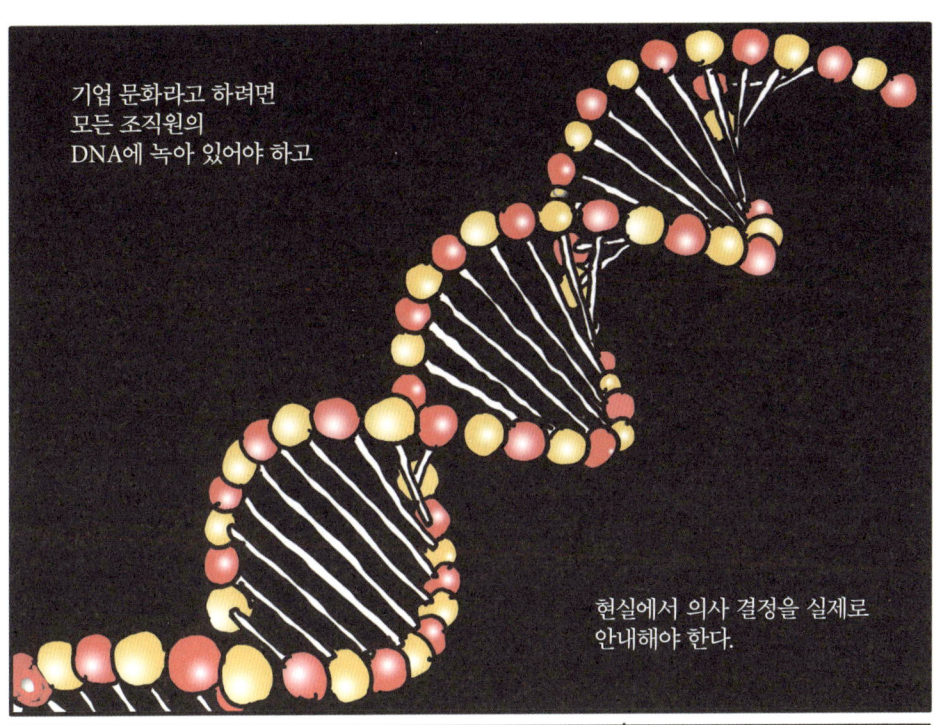

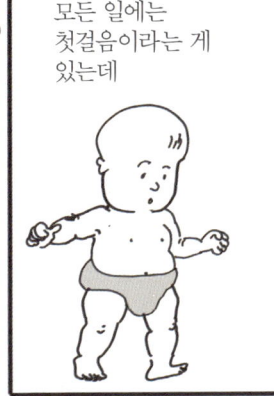

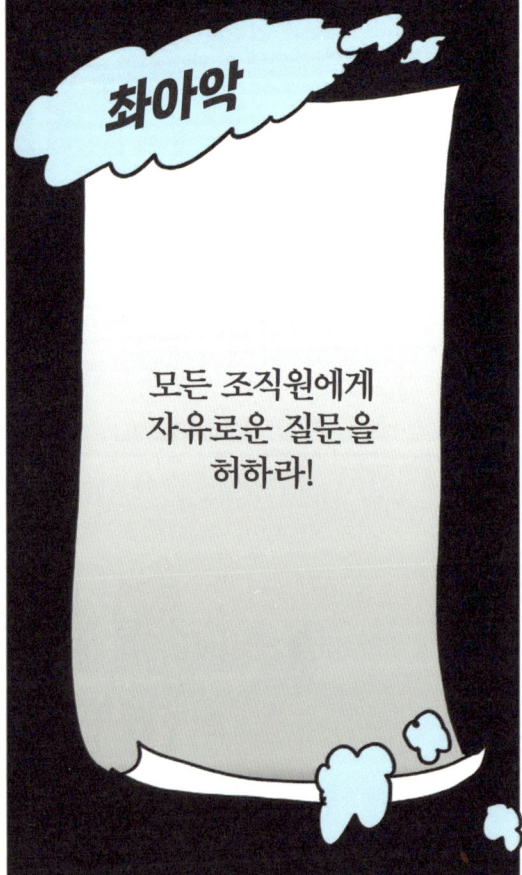

질문이 중요한 이유

5장

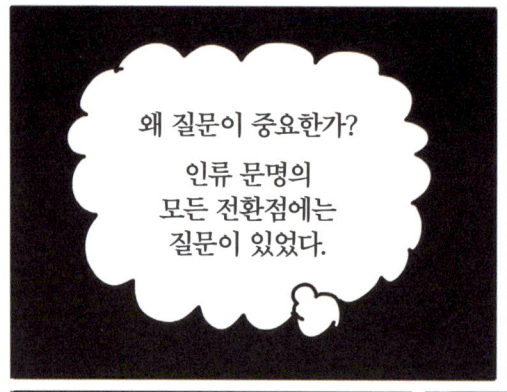

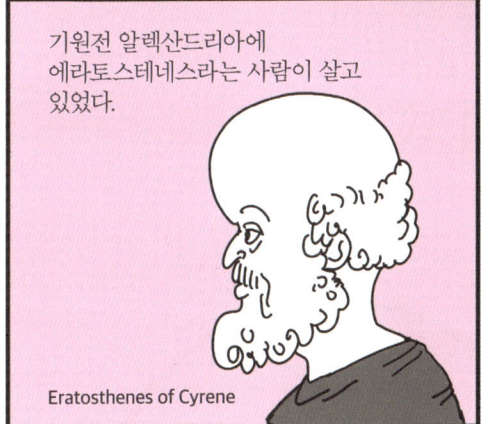

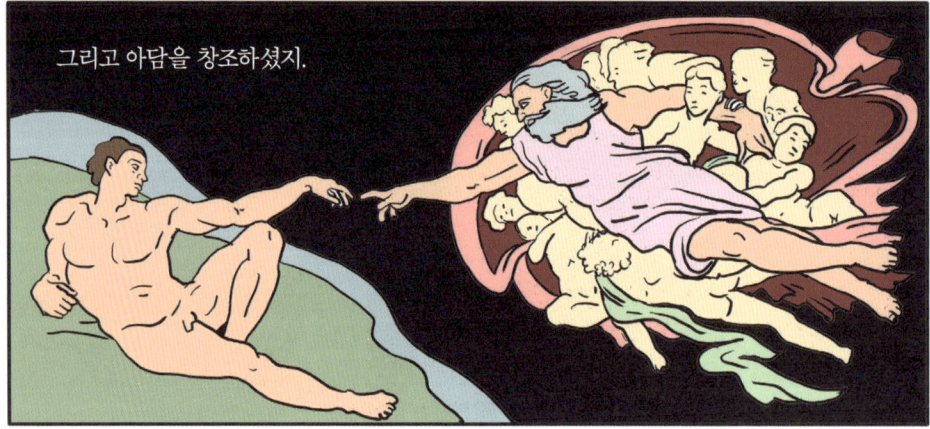

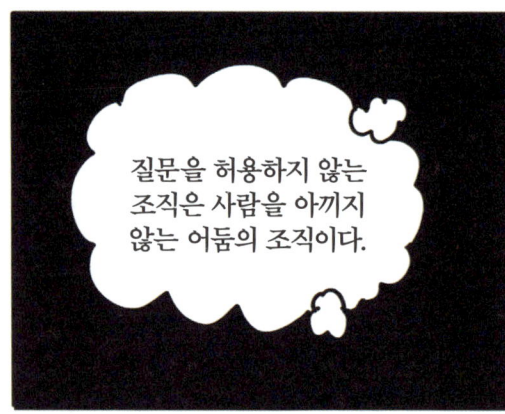

5장_ 질문이 중요한 이유 155

문제를 감추기 위해 질문을 막고, 질문을 막으니 문제가 더 커지고, 그렇게 더 커진 문제를 감추려면 더욱더 질문 따위는 용납할 수 없다. 전형적인 어둠의 악순환의 고리에 들어서는 것이다.
그러니 자유로운 질문을 허하라!

5장_ 질문이 중요한 이유

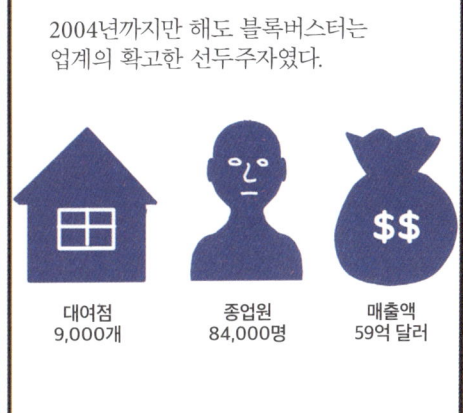

나쁜 질문, 좋은 질문

6장

바라는 답이 정해져 있는 질문, 상대방의 지혜를 구하려 하지 않는 질문… '닫힌 질문'이다.

닫힌 질문은 가치를 생산하지 않는다. 질문자의 의도를 위한 도구일 뿐이다.

반면 '열린 질문'은 진심으로 문제의 해결에 초대한다.

열린 질문은 창의성을 자극해 가치를 생산한다.

열린 질문이 좋은 질문, 바람직한 질문이라는 건 알겠다. 열린 질문은 다 좋은 질문인가?

이 대목에서 퀴즈 나갑니다~

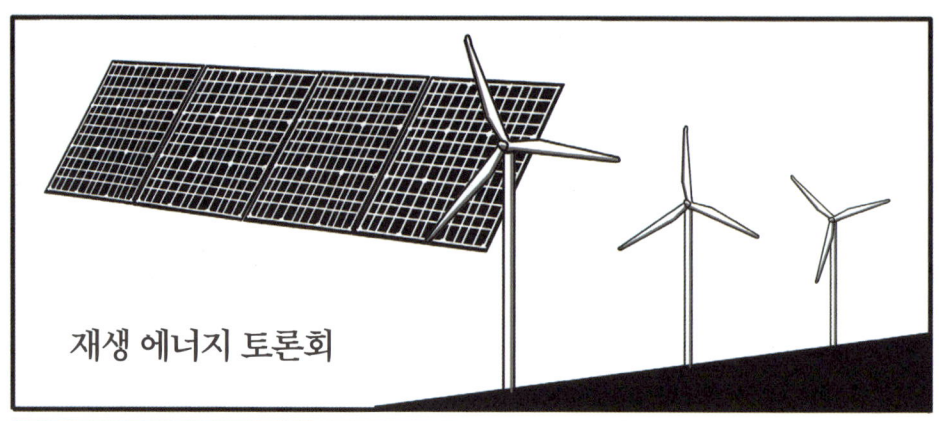

A의 질문은 사람을 목표물로 공격하는 내용이고

B의 질문은 사람이 아닌 사안을 대상으로 문제를 제기하고 있다는 것.

서양에선 유식하게 라틴어까지 끌어다가 둘을 구별한다.
A의 질문은 사람을 대상으로 하는 애드 호미넴,
B의 질문은 사안을 대상으로 하는 애드 렘이라 부른다.

애드 호미넴(Ad hominem)
애드 렘(Ad rem)

가혹한 질문이 이어지고 때때로 주먹질 직전까지 가지만 AAR 미팅은 해군이 최고의 전투력을 유지하는 데 기여한다.

그건 모든 질문이 비록 거칠어도 조직에 대한 애착에 뿌리를 두고 있기 때문이다.

우린 해군이야, 완벽해야 해.

내가 죽는 것도 싫지만 동료의 죽음을 보는 건 더 싫어!

근본적으로 사람을 비난하는 애드 호미넴 질문이 아니라,

조직을 사랑하고 더 잘되게 하려는 애드 렘 질문임을 서로 이해하는 것이다.

열린 질문과 사안에 집중하는 애드 렘 질문은 건설적인 토론에 필수적이다. 그렇지만 때론 영감을 이끌어내는 창의적인 질문도 필요하다.

인텔은 1968년에 세워졌다.

창업자 중 한 명인 고든 무어는 유명한 '무어의 법칙'을 이야기한 바로 그 사람이다.

반도체의 집적도는 2년마다 2배로 증가한다.

Gordon Moore

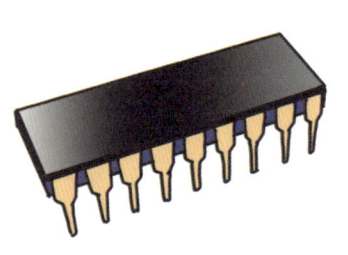

인텔의 주력 제품은 메모리칩이었다. 고든 무어의 말처럼 용량을 키우고 속도를 높이는 경쟁을 선도했다.

그러나 1980년대 중반이 되자 메모리칩의 이익률은 감소했다. 일본 메이커들이 가격 경쟁력을 무기로 따라오기 시작한 것이다.

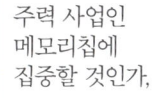

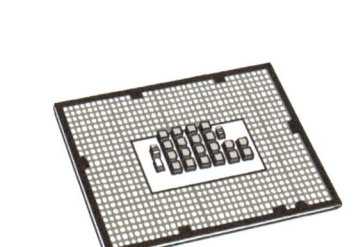

6장_ 나쁜 질문, 좋은 질문　187

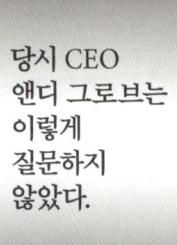

이후의 일은 우리가 아는 대로다.
개인용 컴퓨터의 시대가 활짝 열렸고

인텔은 CPU용 마이크로프로세서
시장의 절대 강자로 성장했다.

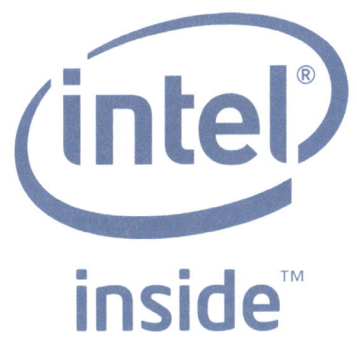

브랜드에 상관없이 모든 PC에
인텔의 로고가 붙었다.

인텔이 안전한 메모리칩에서 미지의
마이크로프로세서 시장으로 전환한
혁신에는 위대한 질문이 있었다.

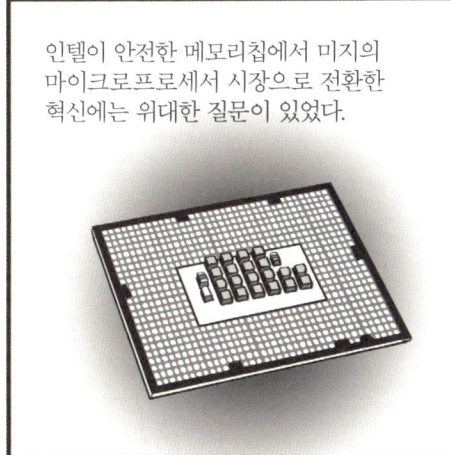

고든, 새로운 CEO라면
어떻게 했을 것 같은가?

질문 후진국에서
질문하는 조직 만들기

7장

2010년 G20 정상회담. 대미를 장식하는 폐막식에서 미국 대통령 버락 오바마의 연설이 있었다.

Barack Obama

연설을 마친 그는 돌발 제안을 했다.

한국은 주최국으로서 완벽하게 행사를 준비했더군요.

그래서 감사의 뜻으로

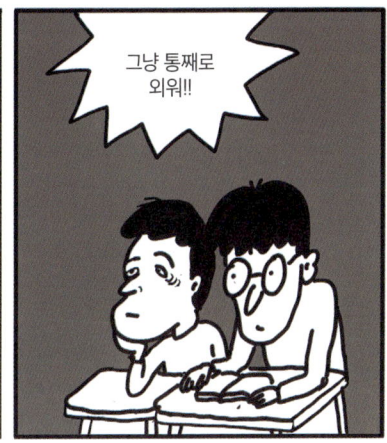

7장_ 질문 후진국에서 질문하는 조직 만들기 205

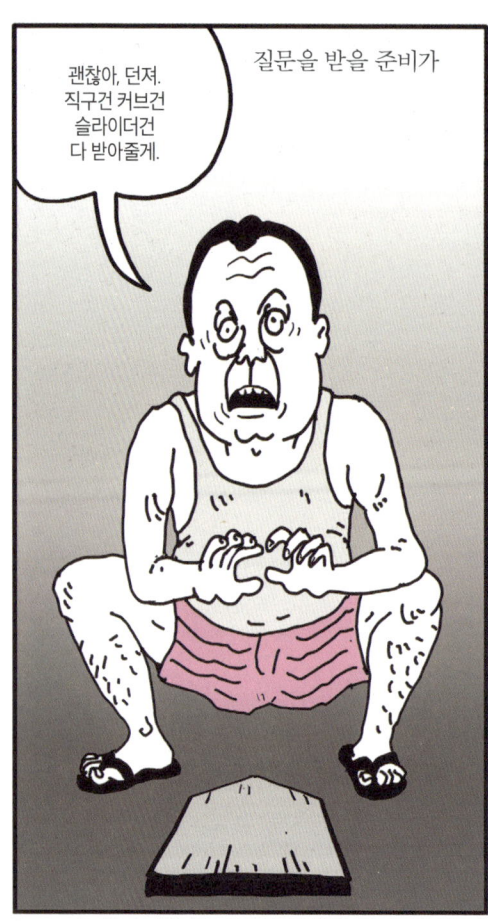

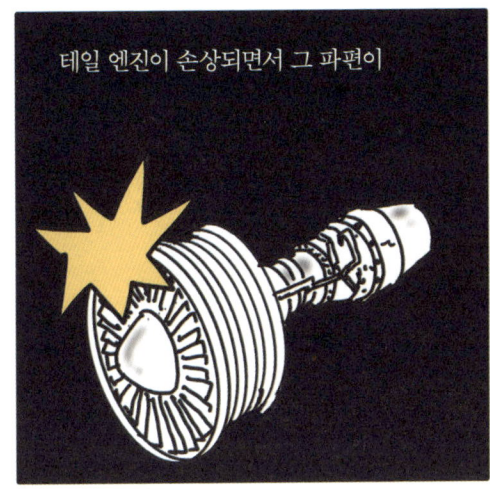

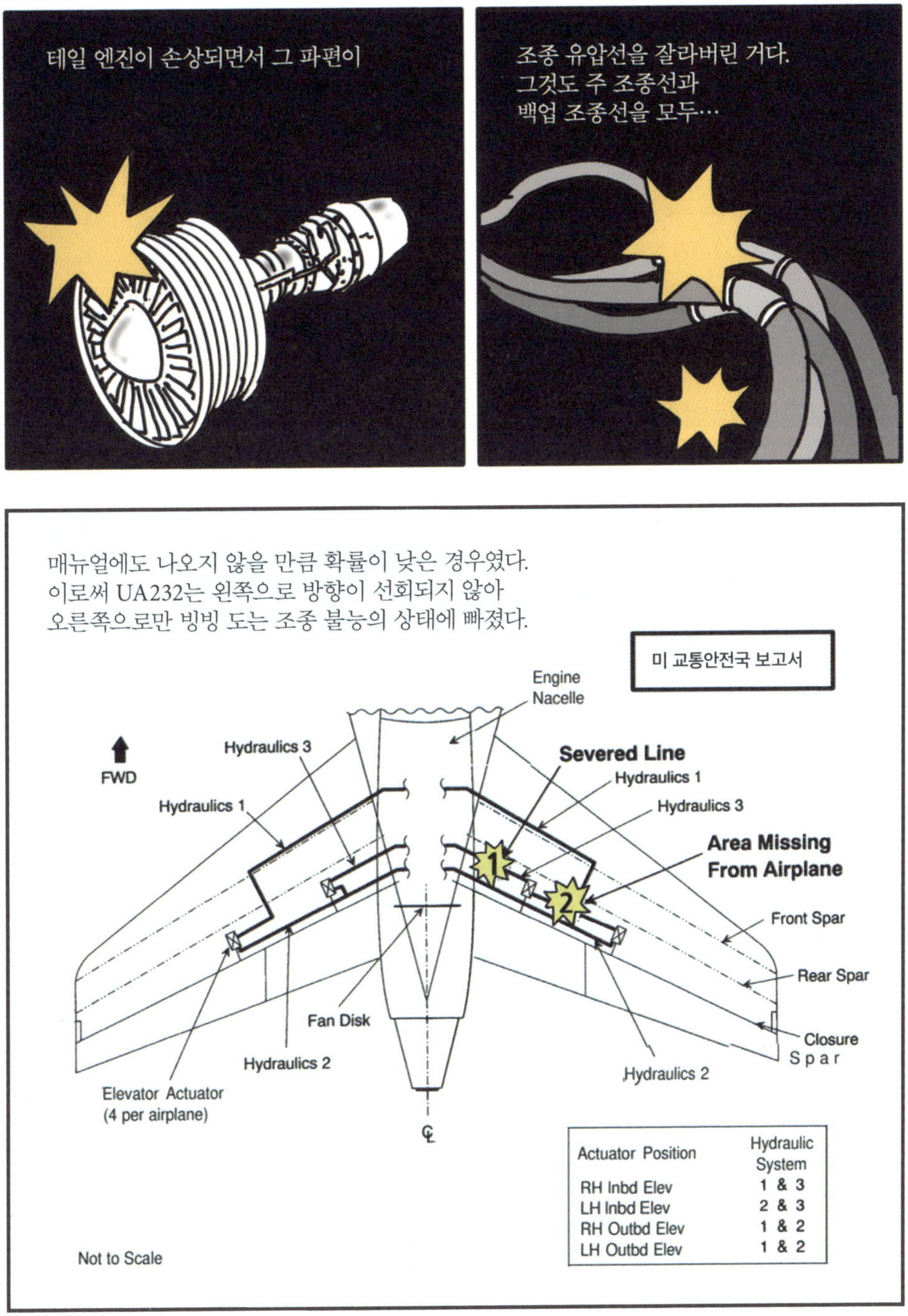

테일 엔진이 손상되면서 그 파편이

조종 유압선을 잘라버린 거다.
그것도 주 조종선과
백업 조종선을 모두...

매뉴얼에도 나오지 않을 만큼 확률이 낮은 경우였다.
이로써 UA232는 왼쪽으로 방향이 선회되지 않아
오른쪽으로만 빙빙 도는 조종 불능의 상태에 빠졌다.

미 교통안전국 보고서

결론을 이야기하면,
그들은 조종 불능 상태로
인근 시우공항에
불시착했는데

기적이 일어났다.
296명 가운데 184명이나 목숨을 건진 것이다.
조종석에 있던 네 명도 중상을 입고
정신을 잃은 상태로 발견되었으나
모두 목숨을 건졌다.

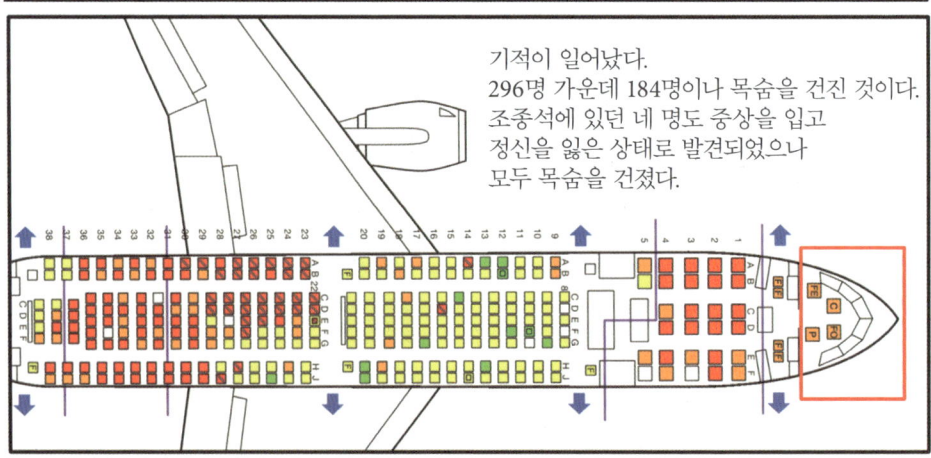

그러나 우리나라의 피처들은 공을 던질 생각이 없다.

안타깝게도

질문 후진국이기 때문이다.

이 문제를 해결하려고 별짓을 다 해봤다. 캠페인도 벌이고

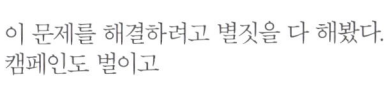

뇌에 폭풍도 일으키고…

경영자가 진심으로 캐처의 임무를 다하고,

피처가 자신 있게 질문을 던지게 하려면 어떤 방법이 좋을까?

우리는 질문하도록 교육받지 않은 국민이니 질문 선진국과는 다른 특별한 방법이 필요하지 않을까?

Sir! Sir! 저요, 저요!

우선은 질문하는 행위가 덜 불편하게 느껴지도록 해줄 조치가 필요하다.

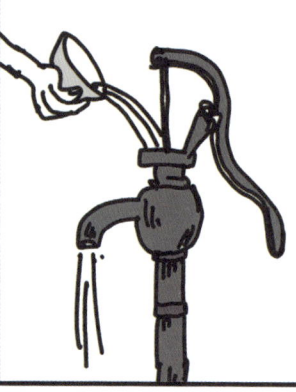

펌프의 마중물이나 걸음마 보조기구 같은

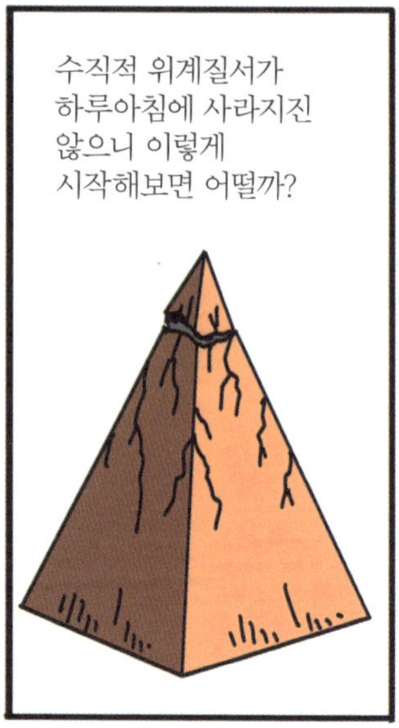

수직적 위계질서가 하루아침에 사라지진 않으니 이렇게 시작해보면 어떨까?

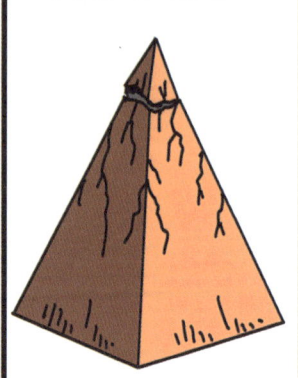

'익명의 질문'으로 말이다.

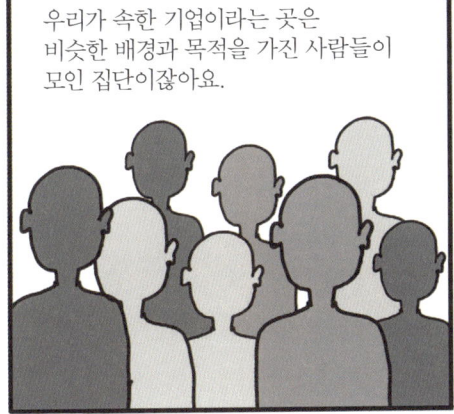

7장_ 질문 후진국에서 질문하는 조직 만들기   221

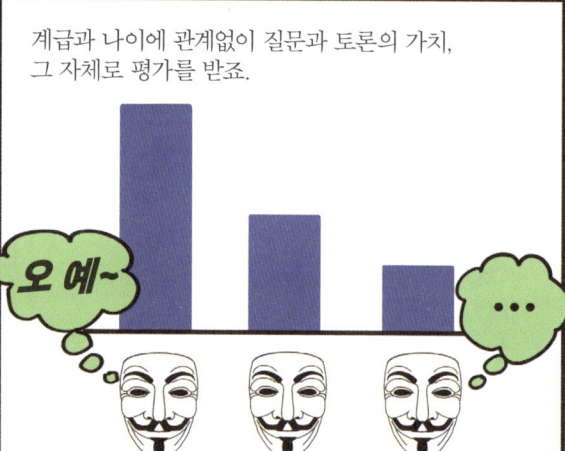

정리

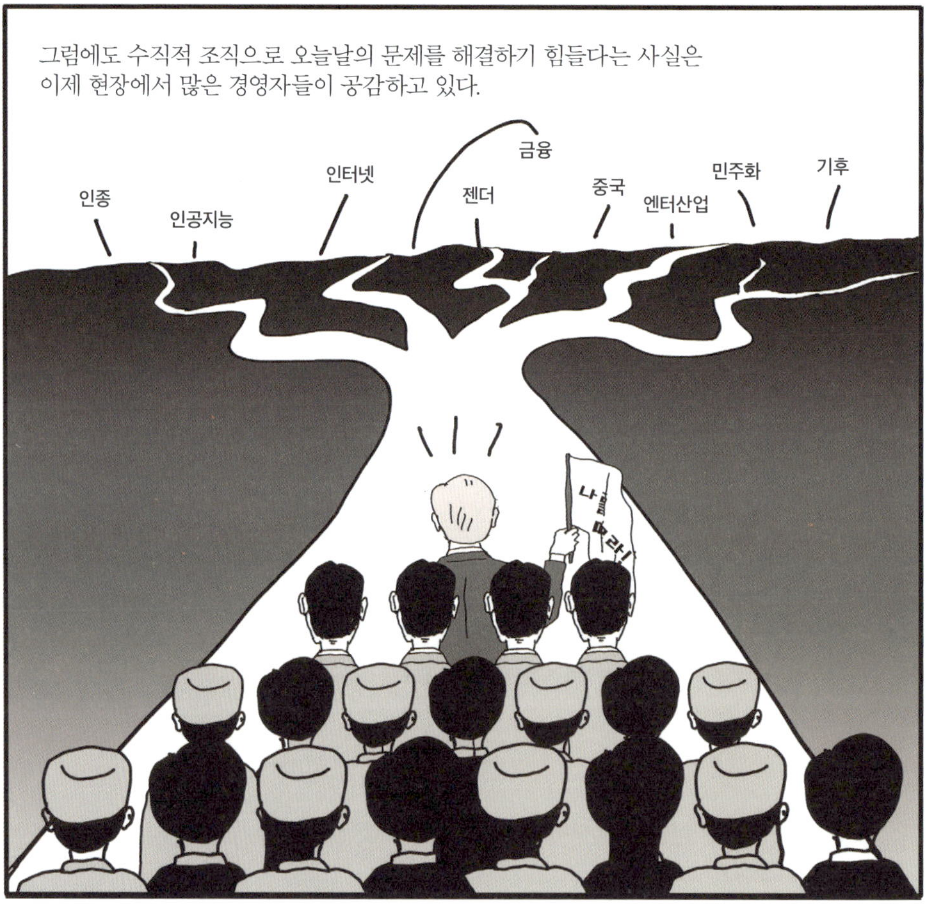

그럼에도 수직적 조직으로 오늘날의 문제를 해결하기 힘들다는 사실은 이제 현장에서 많은 경영자들이 공감하고 있다.

232 조직의 혁신을 불러오는 힘, 질문

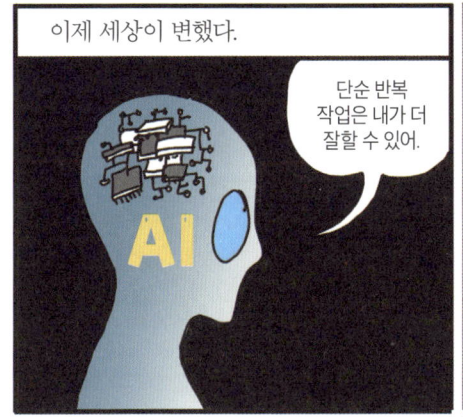

그래서 질문이 중요하다고 했다. 질문하고 응답하며 소통을 거쳐 납득하지 못한다면 어떻게 자발적, 창의적으로 일할 수 있겠는가?

조직의 혁신을 불러오는 힘,
질문

1판 1쇄 인쇄 2024년 12월 12일
1판 1쇄 발행 2025년 1월 2일

지은이 권영범 신일용
펴낸이 김성구

콘텐츠본부 고혁 양지하 김초록 이은주 류다경 이영민
디자인 박경옥
마케팅부 송영우 김지희 김나연 강소희
제작 어찬
관리 안웅기

펴낸곳 ㈜샘터사
등록 2001년 10월 15일 제1-2923호
주소 서울시 종로구 창경궁로35길 26 2층 (03076)
전화 1877-8941 팩스 02-3672-1873
이메일 book@isamtoh.com 홈페이지 www.isamtoh.com

ⓒ 권영범·신일용, 2024, Printed in Korea.

이 책은 저작권법에 따라 보호를 받는 저작물이므로 무단전재와 복제를 금지하며
이 책의 내용 전부 또는 일부를 이용하려면 반드시 저작권자와 ㈜샘터사의 서면 동의를 받아야 합니다.

ISBN 978-89-464-2299-5 07300

값은 뒤표지에 있습니다.
잘못 만들어진 책은 구입처에서 교환해 드립니다.

샘터 1% 나눔실천
샘터는 모든 책 인세의 1%를 '샘물통장' 기금으로 조성하여 매년 소외된 이웃에게 기부하고 있습니다.
2023년까지 약 1억 1,200만원을 기부하였으며, 앞으로도 샘터는 책을 통해 1% 나눔실천을 계속할 것입니다.